ANAQUELES Y MÁRGENES

SONÁMBULOS
——— EDICIONES ———

ANAQUELES Y MÁRGENES.
Colección MACASAR

Primera edición: abril de 2025

© De los poemas ¬ Trinidad Gan
© Fotografía de portada ¬ Joaquín Puga
© Diseño de la colección ¬ Daniel Fajardo
© SONÁMBULOS Ediciones

www.sonambulosediciones.com

ISBN: 978-84-129639-7-7
Depósito legal: GR 448-2025

Impreso en España

ANAQUELES Y MÁRGENES

TRINIDAD **GAN**

MAC∧SAR
COLECCIÓN

PREÁMBULO

He llegado a ese tiempo en que los años,
los días, los minutos me parecen
anaqueles en sombra, márgenes ya vacíos
donde aguardo con miedo la liturgia
repetida y urgente de los anocheceres.

Pero sucede en la alta madrugada
que múltiples estelas y súbitos destellos
brotan en lo que fueron oscuros corredores
del sueño y la memoria, tan esquivos.

Y amanece el poema, a pesar de la vida.

CONVERSACIONES

FALSAS MENTIRAS

No hay olvido ninguno:
cada persona que, desnuda,
fue capaz de poner su rastro sobre ti
ha de volver, lo sabes,
a prenderte una luz inesperada.

Pues la amistad a veces nos descubre
nuestras falsas mentiras
y los amigos tienen por tarea
dar vuelta a lo que crees verdadero.

Y dejarnos su voz en el teléfono,
su mirada al comienzo de un poema,
las llaves de su casa y de su piel.

Y darnos aquel nombre que nos cumple,
borrar esa ceniza de las palabras tristes,
pujar por nuestro cuerpo si el caos lo subasta.

Y adelgazar los filos de esa herida
desde donde sangramos con tanto desconcierto.
Y alejarnos del frío que buscamos
colocando sus llamas
por encima del tiempo y su derrota.

Los amigos, a veces, te mienten con tu voz.
Por eso sólo en la memoria de otro
miramos sin rencor las propias huellas.

CONVERSACIONES

A Eugenio Alemany

Recogían las mesas, apagaron las luces
echando ya los cierres a la noche
—ese vaso alargado que nosotros
agitábamos bien hasta mezclar
los lugares y rostros del recuerdo,
la vida y la literatura—.

Demorábamos nuestra despedida
cuando tú comentaste, apasionado:
No hablo de nostalgia o de tristeza,
sino del arañazo que en tu carne
descubres siendo niño y no se borra.
Es la melancolía, son sus llamas.

Cruzando la avenida, al girar una calle,
una cortina de agua nos detuvo:
un hombre, desde la otra acera,
limpiaba la ciudad abriendo la mañana.
A qué correr, dijiste, los seres melancólicos
van a ser siempre náufragos en islas extranjeras.

Entonces, una bicicleta
salpicó nuestras ropas en su veloz rodada.
Se alejó atravesando tu risa:

Nunca escapas, ¿no ves?, del roce de lo ajeno.
Los encuentros, sean largos o fugaces,
nos dejan una cicatriz profunda.

Junto a la muralla, tus manos,
como el que acaricia una herida,
iban abriendo después las páginas de un libro.
Recuerdo cada verso, recuerdo tu certeza
de que igual de tangibles que los cuerpos amados
se nos vuelven las voces que leemos.

Sentí cómo espiabas mi mirada
perdida ante la sombra del tiempo en una torre.
Si fueras melancólica, lanzaste,
verías, tras las horas que la miden,
deshojarse una realidad caótica,
palpitar en tus dedos los años y su vértigo.

Ya detrás de los puentes se abría la ciudad,
la máscara de un universo en orden.
Oí que me avisabas del peligro:
No dejes que te engañe, sólo somos
laberinto sin hilos, un territorio extraño
conquistado a la luz de mal trazados mapas.

Caminamos de vuelta hacia el hotel
sin mirarnos, callados, junto al río de Córdoba
que comenzaba a arder en la mañana.
En el último abrazo comprendí
—aquel brillo en tus ojos-—
que es la melancolía material incendiario.

NATURALEZA MUERTA

A veces alza en mí su luna roja,
o me reclina sobre extrañas flores
José Hierro

El cuarto está sumido en la penumbra.
Sólo brilla, muy tenue, una arista de luz
en el cristal invertido que, sobre la mesa,
protege la corola cerrada de una flor.

Dentro de la campana de cristal del poema
me espera el cuerpo intacto de la rosa,
esa naturaleza muerta
que, extraña, de pronto me interroga.
Quiere que la ilumine,
que en mi voz le dé vida,
pero en la oscuridad no puedo
desgranar una belleza intocable.

Mejor será que afine puntería,
dejar que mi silencio acierte el blanco,
que destroce su jaula,
para ver cómo se abre la rosa,
deshojado su centro incorruptible,
y respira de nuevo luz humana.

TODO LLUEVE

... *Entonces*
puedo decir: estoy lloviendo; yo
estoy lloviendo, aquí. Esta es la hora
del poema.
Rafael Guillén

Suspendes el instante en la mirada
—una gota de lluvia entre tus dedos—.
Aunque sepas fugaz lo que se vive,
con ternura colocas los rescoldos
de ese brillo — tu sangre — en cada página
hasta hacerlos latir en un acorde
de soledad y palabras.

A pinceladas justas me desvelas
la luz de una farola que mancha nuestra plaza,
los azules asombros de un mar que es ya memoria,
la línea, sinuosa entre los labios,
del hombro en ese cuerpo amado,
las notas melancólicas del jazz como una herida
que parte la neblina de tu noche.

Todo llueve desde tus dedos
hasta marcar sus ecos en mis ojos:

la materia, la luz, el ayer, las distancias,
mi ciudad adormecida, y esa terca tarea
de silencios, de desconcierto casi,
que siempre es la escritura.

Bajo la lluvia luminosa
que escapa de tu voz y de tus manos,
yo me dejo anegar por los recuerdos
y espero nuestra cita en el poema.

LA LUZ HERIDA

Y sé que toda luz de ella es venida
aunque es de noche
San Juan de la Cruz

Este pulso, donde la noche late
y se resiste al día que comienza,
ha dejado entreabiertas en la página,
como huellas de un ave tejedora,
encendidas palabras.

Fugado de la cárcel de su invierno,
con un amor intenso y bienherido,
iba en vuelo aquel pájaro
hasta que golpeó contra la oscura
vertical de unas tapias.

Pero al caer sus pasos leves marcan
señales triangulares en la nieve,
esa nieve que, intacta, reverbera
a la sombra de muros solitarios
que esperan el poema.

Yo, despierta, cazadora de voces,
voy persiguiendo hoy el rastro hondo
donde cada pisada me recuerda
que cantamos la herida luminosa
y extraña que es la vida.

LA VIDA COMO DIÁBOLO

Para Elena Laura

En la parte inferior de este reloj de arena
van cayendo en cascada, se posan sin remedio
los caracteres móviles de los años pasados.
Parece que una mano, ajena a tu deseo,
los cogió a hurtadillas de un cajón del taller,
los entintó deprisa con mezclados colores.
Y ahora ves que componen al fondo del cristal
un extraño paisaje con luces y con sombras
al que llamas memoria.

Pero si entre tus dedos das vuelta al artefacto,
y ese hilo tan fuerte que el corazón maneja
enganchas en su centro para hacerlo bailar,
verás que vuela alegre la vida como diábolo.
Puedes lanzarla alto, desordenar recuerdos,
trazar sobre los lienzos del futuro caminos.
Y en tu mirada aún niña su destello de pájaro
girará contra el cielo, nueva arena dorada,
hasta alcanzar tus brazos.

CARTA PARA EL AÑO NUEVO

Quizá sea el momento, me decías,
de pintar niñas tristes.

Parado ahí de pie, mientras detienes
las agujas del año que se acaba
con una de tus manos y la otra
tantea la culata del arma del olvido,
sientes pasar el mundo y su desorden.

Tus ojos miden sombras esta noche
sin recordar ahora que, tras ellas,
otros ojos fabulan laberintos
de deseos antiguos por cumplir.

Y es preciso decirte que no busques
cama y cuarto en la desesperanza.

Que sigas combatiente, bien plantado
en el centro del mundo, tan alerta,
sosteniendo como el ángel que eres
la serpiente del día por venir,
curioso todavía como un niño
que descubre su imagen en las aguas
y espera tercamente la luz y la alegría.

PAISAJE EN VERTICAL

A Francisco Fernández

Persigo tu mirada
que navega mi cuerpo
y busca encuadre, luz, color de fondo
para lo que será, más que un retrato,
paisaje en vertical, figura quieta,
claroscuro del yo, de sus preguntas.

Tu mirada persigo,
escritor de la luz, cuando desvela
los hilos de silencios y palabras
que, brillantes, se anudan en mis dedos.
Basta ese parpadeo de tu lente.
Yo en cambio tardo páginas y días,
como una marioneta del lenguaje,
en cercar lo que pueda ser poema
y cazarlo en su oscuro laberinto.

Persigo tu mirada
que todavía alza la belleza
oculta tras los rostros y las cosas.
Nada tiene belleza en sí, lo sabes.
Es siempre otro, tú, el que la escribe
para que se revele sobre el mundo
y nuestro corazón desconcertado
se dilate en asombro al descubrirla.

ATARDECER CON POETA

Dejadme que perdido bajo su sombra gire
José Zorrilla

Si unos furtivos granos de granada
que derramé en el suelo de mi otoño
—esos que apenas muerde este crepúsculo
confirmando la noche que se acerca—,
descubren claramente mi delito...

Si sus rastros de rosa tan abierta,
deshojada en mis venas y en mis ojos
—con la prisa del día o del deseo
y el conjuro distante de un poeta—,
como prueba de cargo sólo sirven...

Si en el agua dormida que contemplo,
mis labios del ayer, mis viejas manos
—que apretaban el mundo y su dulzura
hasta estallar un centro de horizontes—,
naufragan rotos barcos en la sombra...

Si granadas y manos, agua y labios,
no han de existir ya más, pero regresan
sin remedio a escribirse en mi memoria
—esa cascada insomne que hoy escalo—,
tranquila esperaré mi propio invierno.

POEMA URGENTE

A Carmen Canet

Ahora, justo ahora, que tu tiempo parece
tomar ritmo de vals acompasado,
ralentizar su savia y su aventura,
yo, urgente, te escribo este poema.

Y pongo en él tu risa por delante,
tu nombre de jardín y enredadera,
ese arrebato que alzas en todos los espejos,
el sabio, breve dardo que vuelcas en palabras,
tu mirada precisa sobre el centro de otros,
y puentes, puentes, puentes
tendidos contra un fondo de amarillos
por tu amor a la vida.

Unos puentes que espero van a ser
—lo confieso, esa era mi urgencia—
caminos de ida y vuelta, abiertos
a nosotros, amigos que hoy te celebramos.

PARADISE LOST

Edén siempre perdido,
concédeme el recuerdo y su llave de niebla
Pablo García Baena

Perdida en tu recuerdo cruzo Córdoba,
y sus calles, en falso itinerario
de amantes y de sombras ya olvidadas,
fingen besos pasados sin tocarme.
Unos cuerpos fugaces se me acercan,
me piden un encuentro tras sus máscaras,
que sea quien ahora los acoja
al borde del deseo y que, desnuda,
conforme en el abrazo mi latido
a sus salvajes e imprecisos mapas.

Me tienta contestarles que, si pongo
estos labios con sed en esas llamas
o en el acantilado de su cuello
despeño como el agua mis caricias,
arriesgo en ese trueque mi persona.

Porque soy, tú lo sabes, sólo aquella
que mide las antiguas horas, fuegos
donde se reflejaba tu mirada,
quien aún deletrea con su niebla,
junto al río nocturno, la nostalgia.

OFICIO DE PALABRAS

A Javier Bozalongo

El poeta acostumbra a colocar
sobre las llamas de un papel sus manos
si desnuda un amigo, de improviso, su máscara
y deja ante él, abierta, su intimidad más frágil
en largas carreteras o en hoteles de invierno.

Si las voces ajenas le desvelan
golpeando con sus ecos la rutina
y siente que en las calles, bajo los fríos números,
los hombres que se cruzan, vacíos de esperanza,
se han convertido ya en cicatrices propias.

Si se impone la música al silencio
y ve caer la noche ante sus pies
y los pasos conducen a un mundo en desvarío,
a una luna y ciudad que piensa intraducibles,
mas en su boca acechan las certeras palabras.

El poeta acostumbra a no cerrar su puerta:
si arde su corazón, entonces, si arde,
él tiene entre sus dedos, humeante, una cerilla.

CASA EN UN CLARO DEL BOSQUE

Más allá, la penumbra
la casa sosegada,
esa que sólo habita
mi corazón y el viento
Mariluz Escribano

Pongo tus iniciales en los árboles
del bosque de palabras que nos dejas.
Ellas me mostrarán ese camino
que me lleva hacia un claro donde pájaros
alegres y pequeños han tatuado,
en la hojarasca de oro, unas huellas.
Allí, en ese centro incandescente
de otoños y memoria sosegada,
imagino tu casa, su penumbra,
cómo inclinas detrás de los cristales,
todavía despierta, la cabeza
mientras que, suelto, un mechón azul
acaricia los bordes de un cuaderno.
Imagino la casa que es refugio
contra esta intemperie desolada.
Frente al ruido y las insomnes luces
de una ciudad herida, lento musgo,
imagino tu casa como si fuera un libro.

Porque en él, incesante, veo la patria
de todas las infancias que perdimos
—tantas, desde tus manos, rescatadas—
y resuena en sus páginas ahora
tu grito solidario de mujer,
la alegría de las pequeñas cosas
y el canto persistente de tu voz
que, encendida en los surcos de un poema,
alumbrará lo gris de nuestros huecos.

DESHIELO

En el retrovisor,
la niebla sobre un bosque ya ardido,
apenas unos trazos de esas ramas
donde palpitan todavía
las miradas perdidas, el eco de sus voces.
Pero al frente se abre
incierta otra ruta, su desafío
de horas por cumplir, otro almanaque
que empieza a deshelar su cuerpo
sobre la madera cansada
de esta noria que hoy es mi corazón.
Y otras luces licúan el glaciar
de los recuerdos tristes
y rompen con su fuego los cristales
en que el frío enjauló nuestra esperanza.
Todo vuelve a girar cuando amanece.
Seamos tú y yo, amigo,
de nuevo alegre noria en movimiento,
líquida compañía, vivo cauce
para la sed del tiempo por venir.

PASAN MUJERES, PASAN

ALBADA CON MUJERES

Se acerca el alba al áspero desierto.

Pasan mujeres, pasan.

Siluetas recortadas contra un cielo aún nocturno.

Una limpia de su cara el polvo que ha arrastrado
el viento caliente, otra con la rama cortada de un
árbol golpea la tierra entre los matorrales.

Pasan mujeres, pasan.

Caminan lentas junto al metálico bosque de los
deshuesaderos. Hunden su rabia en la arena oscura.
Rastrean, en estas horas inhóspitas, el cauce seco del
Arroyo del Navajo, armada su fragilidad apenas con
el atado de nombres de mujer, de fotografías amadas
y ausencias compartidas que llevan a la espalda.

Llevan escrita en sus manos tan sólo una consigna: conservar
viva la orilla de unos labios, aquellos donde anoche quizá
se alzaba el grito y que hoy son ya de tierra. Guardan como
una herida en la mirada el calor de los cuerpos perdidos,
el trago mínimo de un agua de esperanza y memoria.

Pasan mujeres, pasan.

Como un río sucio señalando la
frontera, crece la desmemoria.

Mas ellas siguen caminando. Aparejan el día sobre las
mismas líquidas cicatrices que intentan abatirlas.

Al abrigo del recuerdo incesante, alzan de nuevo
las vidas hurtadas y, tanteando las sombras, rasgan
la máscara que velaba su carne torturada.

Amanece en el Valle de Juárez.

Clap, clap, clap, sobre el desierto. Zahoríes de
la muerte, kamikazes del alba, ellas tratan de
despertarnos. Nos llaman a hacer de la palabra
un fuego que ilumine los rostros olvidados.

El gajo sin morder de la mañana sangra
ahora desde el horizonte.

Se ha quebrado mi voz. Mis ojos funden a negro.

FOLIE

Oye esta melodía.
Detente ahora, cazador cobarde
emboscado en las calles y su ruido.
Imagina una voz
que te habla desde ella.

La pieza ya lograda,
¿qué harás con los despojos?
¿Podrás poner tus huellas de hombre
en el primer peldaño de este día?
¿Celebrar la victoria de tu apuesta
al uno negro-sexo-terror
frente al dos, amor-entrega, rojo
que ella se jugaba?
¿Podrás mirar, cobarde,
la herida que trazaste en ese cuerpo,
todo el miedo desnudo que crepita
y arde en su mirada?

Vaga un canto en la noche.
Una mujer pone su pie, su sangre
sobre las contrahuellas
de la escalera curva que es mañana.
Se detiene. Recoge con sus manos
los bordes blancos de un vestido

que acuna y que protege en su locura
como a una niña rota.
Deja el llanto rodar hacia el silencio
mientras que, sobre mí, sobre nosotros,
se clavan sus pupilas.

¿Por qué los que miramos
su desesperación
aún seguimos mudos?

MAPAS

Ves la herida que se abre en otros ojos
y pones ante ella un cauce seco,
un desierto de sílabas.
Nunca pones un labio,
ni unos huesos desnudos,
sólo esa mirada, cobarde,
que escondes tras de las páginas.

Pero hoy sientes el frio de una mano
que se acerca a la tuya,
la curva de una boca
que espera su rescate de la nieve
y unos ojos que brillan
—tan rasgados, impropios del país
que sobre ti ha urdido la noche—.
Encendidos en su propio albedrío,
esos ojos extraños
van marcando tu piel
con signos de su exilio, sombras
de aquellos que le esperan,
puentes alzados contra la distancia.

No necesitas ya letras ni mapas.

NOCTURNO DEL SÍ

No, no pises los cuadros rojos: esa rayuela,
que muestra tus piernas al ondular la falda,
ya no es para tu edad.
No, no saltes, bailando, en la chapa metálica:
repicarán en ella esos tacones finos,
que traen como prendidas las risas de esta noche,
y harán que se despierten los pájaros del miedo.
Tampoco hagas sonar tus llaves en la valla:
esa música leve cuando cruzas el parque
—los lobos al acecho— descubrirá tu paso.
No pares en la esquina de nuestro barrio oscuro
aunque vuelvas con ecos de la amistad alegre.

Desde una negra voz te dice mi recuerdo
que debes aprender letanías del no
para velar tu cuerpo ante hostiles manadas
—ropa interior de antaño que difumine el rastro
de mujer que ya dejas en ávidas pupilas—.

Pero ahora que aún estás entre mis brazos, hija,
y a punto de soltarte de ellos hacia la vida,
no puedo pronunciar esta gris letanía,
esta nana del no.

Por eso yo quisiera que escriba mi palabra
para las hijas nuestras —para todas vosotras—
una canción distinta, una canción susurro,
nana nueva y silbido contra la oscuridad:
el nocturno del sí.

Nosotras, todas juntas, en bandada de luz,
acudiremos siempre, al oírlo en la noche.

OTRA BUENAVENTURA

¿Quién habrá que contemple el hundimiento?

Se ha dormido en la espera, tan cansada, Penélope, que deja
los regresos sin vigía. Mas yo sueño con los ojos abiertos,
quiero volcar la tinta sobre una soledad que sea ajena.

(Tengo tanto en común contigo, tanta celebración,
tanto desahucio, tanta locura y días…)

Aunque como herencia conserve las aristas del
miedo, hoy quiero sostener entre mis dedos tu mano
izquierda. Examinar el surco de sus líneas hasta hallar
sólo el temblor de tu sangre. Borrar después, pliegue
a pliegue, esas sombras que apagan tus deseos.

Quiero escribir alguna luz en las palmas
abiertas de tus manos.

Pronunciar otra buenaventura.

TOMA EN BLANCO Y NEGRO

Era invierno. Yo andaba hacia la escuela,
hacia una mañana en negro y blanco,
consignas que me hablaban de pureza,
de guardar el respeto a lo pasado.

Pero luego buscaba calle alegre,
los brazos, alboroto, de un amigo
para andar bajo otra luz rebelde
y llenar de aventuras mi camino.

Ya contemplo las pálidas estampas
de un ayer que me hiere con su duda.
Ya ese árbol de la infancia no lo tengo,

sólo en mis manos, hoy, ramas tronchadas.
Aunque me asalta siempre una pregunta:
¿acaso lo quebró mi propio viento?

RUMOR DE AGUA

A Ángeles Mora

Su voz al otro lado del teléfono,
rumor que yo rastreo en cada sílaba
cuando pronuncia amor y muerte y tiempo
con labios de mujer superviviente,
esa que, fieramente lúcida,
enfrenta su mirada en los espejos.

Su escucha al otro lado del teléfono,
mientras que yo desgrano las heridas
de un tiempo entre paréntesis
cargado de cuidados y añoranza,
calmando la espiral de las tormentas
donde rompen a solas nuestras noches.

Su voz sobre la página que leo,
insomne y en alerta
ante el rumor de fondo que es vivir,
desbroza telarañas del presente,
me avisa de la sombra y la ternura
que ocultan los pequeños universos,
desenmascara mis contradicciones.

Su voz al otro lado del teléfono,
su risa que me dice: buenas noches.
Ahora la imagino en la penumbra:
habita nuevos libros,
salva voces hermanas con sus versos.
Como en sueños vuelven a mí
los años, las lecturas
en las que yo bebí de sus palabras,
ese sonido claro hecho de luz
que nos revela los bosques del futuro.

Ella, mujer poeta,
es siempre ese rumor de agua
punteando nuestra noche, gota fértil,
cayendo lentamente
en el cristal del vaso y de la vida.

DE LA FORTUNA

Afortunada yo, si algunos libros,
su cómplice silencio por la casa,
me aguardan para abrirme el laberinto
que es, en la alta noche, la palabra.

Afortunada yo, porque los ojos
de una hija me miran y me salvan
del azogue de los espejos rotos,
de los días de mi desesperanza.

Afortunada yo, que soy mujer,
pues vientres sucesivos me desgranan
y en repetidas lunas pronuncié
no los ecos lejanos, la voz misma
de una memoria nuestra, rescatada
donde, viva, se guarda mi alegría.

LA ROSA ENTRE LAS RUINAS

NIEVE SOBRE CAMPO DE ATLETISMO

Esta página, que hace 36 letras estaba en blanco,
no puede ser un puente de suicida.

No puede tener la mordedura, el tachón de los dientes
de esos perros insomnes que siguen acechándonos.

El acento oscuro de las palabras no dichas a tiempo
la sobrevuela. Pero no hay que dejar que su sombra
caiga en picado sobre este folio, que su graznido
culpable picotee las entrelíneas. Ni que trace el
acantilado herido de la memoria sobre lo ya escrito.

En la piel de esta página, la araña de la tinta
ha dibujado ahora una ventana.

Al otro lado, espera un campo de atletismo
cubierto por la nieve.

Caía sin cesar la nieve durante la noche
y ha cuajado en mi voz.

Pero aún se transparenta algo de tierra roja. Está allí,
en el susurro de las líneas encarnadas que pugnan por
emerger bajo el manto de copos. En esa enredadera que
forman las palabras como pasos de sangre contra lo
blanco. Allí —sospecho— aún late, sonámbulo, el poema.

ENCRUCIJADA

El mundo se despliega
y, veloz, la primera luz del alba
va cubriendo los rastros de la noche.
Una línea con niebla, de horizonte quebrado,
es el día que estreno.
¿Qué pálpito de abiertas y lejanas
estrellas no nacidas coloca ante mis ojos?

Entreabre párpados el futuro
sobre la ciudad y su bruma.
Árboles eléctricos me vigilan
en todas las rotondas, en cada encrucijada.

Como otro árbol, oscuro y desgajado
en la revuelta corriente de los días,
veo pasar a la deriva las hojas que cayeron,
los pedazos de tronco que arrancó la tormenta,
todo el yo que bracea espirales de tiempo,
que ya alcanza la orilla vuelto limo,
fértil tierra de abono, quizá primera letra
de otra vida que inicio esta mañana.

LA CITA

Roza el cristal gélido del espejo
la imagen ondulante de una seda
que resbala desde mis manos
—tal vez es un sueño, un desvarío:
cuántas veces me lo pregunto—.
Un escorzo de hombros
se dibuja desnudo ahora
y mi espalda, tatuada por mil voces,
se aleja hasta tenderse en la blancura
de ese lecho donde su cuerpo aguarda.

Allí las dos trazamos nuestro encuentro,
íntima cacería que confunde
quién es la acechadora, cuál la presa.
Allí nos despojamos de disfraces
y abrimos con cuidado, a pesar de quemarnos,
este caleidoscopio de luces y de azogue
que ofrezco sin pudor a tu lectura.

—En lo que nos oculta
y nos revela al pronunciarse,
no siempre la palabra es una máscara—.

MULTITUDES

A contracorriente, palabras.

Y el difícil acomodo del propio paso al de
la multitud derramada por las calles.

Por eso la mirada tiende su telaraña inquisitiva
hacia todos los puntos cardinales.

Desde mis ojos tenso el hilo que me ata a los otros.
Para que, aun tomando la distancia precisa, vibre
con su respiración y sus movimientos, para que me
haga sentir siempre el pálpito de lo humano.

A contracorriente, palabras.

Caminan, en dirección opuesta a mí, cuerpos
deshabitados. Una marea continua de cabezas sin
ojos que parecen medir sus pasos en el cristal de
las pantallas móviles, que me abordan con la prisa
y el balanceo de sus paquetes de la compra.

Si bajo la cabeza en el trayecto, no es para replegarme
sobre mí misma, sino para recoger mejor las huellas
de esos pasos sucesivos sobre el asfalto del tiempo.

Parada ahora en una esquina de la plaza, anoto en mi
mirada la ciudad, su centro vivo de distancia y cercanía.

Espero quizá que, en el hilo de palabras a contracorriente
que he lanzado hacia el mundo, vibre una música
acorde, me alcance un cuerpo reconocido que
se ajuste al frío que noto en mis labios.

EL ECO

Sin la piel o la boca, sin los nervios
—aquellos instrumentos que serían
la guía precisa en este túnel—
escribes este falso decorado.

Reincides sin remedio
en el vicio, ya viejo y solitario,
de atornillar con palabras en fuga
los objetos, los cuerpos, los instantes.

En terca rutina vas marcando,
con un pulso que tiembla,
el lento simulacro de tus horas.

¿No ves qué mala, oscura letra
se quiebra hoy contra las páginas?

¿No ves que un eco apenas
resulta ser la vida
cuando vas y la nombras?

LETRA IMPOSIBLE

Orografía del poema:
un horizonte quebrado, oculto
tras de los intersticios
que dejan los primeros planos
de una realidad vuelta fragmentos,
tachada siempre por la arquitectura
asonante de las ciudades.
Cuando escribo, camino
unas calles estrechas,
sus altos edificios inclinados
se cierran sobre mí.

—La página, con la angostura
de *El grito* de Munch.
Letras, con la flamígera
alteración de los rostros de El Greco—.

El diccionario cae,
golpea su lomo contra la mesa,
se abre justo en la y griega mayúscula,
esa letra imposible, mal final de palabra.
Mejor que sea comienzo de lo escrito
y más o, yo minúsculo cargado de preguntas:
dos signos de extrañeza.

Mejor que su filo egoísta
se lime en la corteza de lo ajeno
y desmienta tanta devastación.
Que en silencio se pronuncie y, negándose,
diluya las estrofas, pulverice,
si es preciso también, el final del poema.

VENTANA ROTA

Dejo la americana, sus pliegues de tristeza,
oscilando en la percha contra el cristal manchado.
La corbata a la espalda, falso cuello en que asoma
mi nudo corredizo de ahorcado de ciudad.

Sobre el cielo tintado del techo panorámico
abandono ese puzle veloz de fotogramas:
túneles sin salida, cámaras vigilantes,
el paisaje con falsas montañas de los gráficos.

El tiempo lo he quebrado, al girar el volante,
dejando en cada gota que cubre el parabrisas
esquirlas de lo urgente, latidos de teléfono,
los números en rojo que tracé sobre el vaho.

Ahora sólo me falta romper esta ventana
para dejar que piensen que salí despedido,
que caí finalmente, roto ángel urbano,
cruzando las aristas del vidrio y de la tarde.

Nadie verá después que me adentro en el bosque,
desnudo ya de máscaras, caminando ligero,
silueta recortada de este balance en llamas:
ahora probaré mis nuevas alas.

EL FARO

El luminoso haz del faro
recorre, lentamente, este paisaje oscuro.
Desaparece rápido, mas deja
reverberando en mis pupilas
sombras en que la roca se vuelve acantilado,
la amenaza de olas encrespadas,
una lejanía con barcos:
esa alargada franja horizontal
con imágenes rotas y fugaces
que siempre es el poema.

No sé si en sueños o despierta,
cada noche espero el latido
de luz intermitente de este faro.
Como si fuera un puzle,
manejo lo vivido, anoto la mirada.
Trato de iluminar por un instante
la niebla de una página.

SERPIENTE

Hoy me vuelvo hacia atrás, recojo largos
rastros de piel dejada en el camino,
máscaras de serpiente que a mi paso
dibujan sobre el suelo lo vivido.

Intento descifrar lo que han trazado,
llegar a mi otro yo en el laberinto
que forma la espiral de aquellos años,
pero son sólo sombras lo que miro.

Porque ser siempre es vana mudanza
sin remedio de piel y de deseo,
imparable corriente hacia la nada,

seguir buscando de la vida el fuego,
¿será buena estrategia otra mañana?
En el dintel de lo futuro, miedo.

LA PALABRA AJENA

Fotograma de amanecer urbano:
al frente, una cuadrícula
de ventanas cerradas contra el gris
de un cielo que atraviesa una paloma.
En su pico, la noche. Y detrás,
persiguiéndola insomne, cruza un puma
cuyas fauces no sueltan las palabras mordidas,
esas mismas que ayer desde tu sueño
levantaban su vano soliloquio.
Apenas abre párpados el día
y en tus manos otras palabras,
ajenas, te desvelan y arden.

Hay también ese ruido, incesante,
de lluvia en la mañana.
Pero no llueve fuera.
Dentro del cuarto crece,
salvaje, la marea interrogante
de páginas leídas,
su ímpetu de agua que te arrastra.
Para desaprenderte,
para que el día innumerable
deshaga sus guarismos y su frío,
para desalojar el desconcierto.

Fuego o lluvia interior,
las palabras de otros
nos queman, nos desbordan.
Y logran convertirnos
en la silueta en fuga
que, con dedos mojados,
se aleja hacia sí misma
desde esa otra voz a la que lee.

LO QUE EL DÍA DEBE A LA NOCHE

A Manolo y Elena

Sus manos hoy madrugan en los gestos del día:
salpicar de agua fresca las losetas del patio
mientras siente la música del viento entre los árboles
e imagina paisajes tras la altura del muro.
Recoger la vajilla, la de uso cotidiano,
en cuyos bordes queda —como en la antigua Roma—
el grafito de un nombre, la huella de un amigo.
Disponer en un cuenco fresas recién compradas
y, atravesando el porche, dejarlas en la mesa
cerca de su ventana, entre los girasoles.
Son pequeños rituales de ternura
que le dicta el amor y él cumple en la mañana
al abrir el jardín a otro nuevo verano.

Ella, figura en verde, surge tras el cristal:
desde lo alto sus ojos amanecen la casa
y, como luz de un faro, trazan sobre el jardín
los verdes y amarillos, rojos, ocres y azules.
Aún resuenan los ecos inundando su estudio,
las voces de la noche se mezclan con pinceles
y crepitan como ascuas de la amistad las risas.
Abre entonces un libro y pone entre las hojas
las hogueras nocturnas, los secretos deseos,
las palabras que, pájaros, arañaban la sombra.

Son pequeños rituales de ternura
en que ella rescata las voces solitarias,
los latidos que oculta el bosque de las páginas.

Una casa en penumbra ve cómo cae la tarde:
la mujer se ha dormido sobre los viejos libros
y de sus finos dedos, al ritmo de su aliento,
brotan haces de líneas, destellos de color
que él contempla posarse en la tela del sueño.
Cuando cierra los ojos aún mide en duermevela
su luz en los espejos, las horas compartidas,
pasos sobre la frágil superficie de un lago,
lo que el día que muere debe ahora a la noche.

Son pequeños rituales de una entrega:
a medida del fuego están hechos sus brazos
y en los dedos de ella vibran alas ardientes
que dibujan después en el lienzo del día
la noche de San Juan vuelta amor, vuelta llama.

ESA RAMA CURVADA

Aún guardo su imagen entrevista:
una rama curvada y larga
contra la pared oscura de la caseta,
único rastro ya del viejo olivo
entre el polvo y la bruma, en mi memoria.
Esa rama torcida del olivo
aguanta en su corteza el efímero peso
de mis días de infancia:
mis pies que se apoyaban en sus nudos,
en travieso equilibrio, por tocar ese azul
más allá de las tapias
de aquel patio pintado de verano,
huellas de las tiernas manos de la abuela
que colgaban al aire sus pañuelos
o lluvia de mil músicas en mis tardes sin siesta.
Esa rama del olivo enfermo
— irremediablemente, yo lo sabría tarde —,
pudo ser, junto al resto
de sus ramas cortadas, leña vieja
y luz de chimenea, dulce humo
en el último invierno de mi padre.

Hoy sé que se salvó del fuego para mí,
para que talle en su torcido cuerpo
— usando la cuchilla de esta melancolía —
algo con lo que andar por la vejez cercana.

CORDEL

No las fotografías, tu sonrisa siempre al lado
de esa sombra que es mi yo pasado, al que
delata un temblor de madre primeriza.

No las prendas en que envolvías tus noches, saciada a
duras penas de mi pecho, ni tus primeros dibujos que
atesoro; no los civiles rastros de tu llegada al mundo —un
libro de familia ya al fondo de una gaveta—, ni siquiera el
cordón umbilical que muestra que saliste de mi vientre.

Ninguna de esas cosas me dirá que soy madre.

Tan sólo me recuerdan un tiempo de alegría por el que sin
embargo yo pase extrañada, apresurada siempre, atada a
mil despertadores. A timbres de oficina que nos negaban
nuestro cuarto propio para poder pagar la casa ajena. Y tus
pequeños brazos, abiertos en el aire, esperándome, mientras
que yo me hundía en un cieno de cifras y balances, creyendo
construir un futuro nuestro que otros me marcaban.

Es otro el hilo que anuda tu sangre con la mía,
el que trenza nuestras vidas aun en la distancia.

Un frágil cordel que los años, con sus luces y sombras, han
vuelto resistente, como estos cactus que has plantado en el

balcón para regalarme el sol frente al solitario cuarto donde
desgrano mis palabras. Hilo de aroma verde, para que no
olvide el gesto maternal de dar agua a lo que crece junto a mí
—"no mucha, que podrías matarlos", me decías —. Para que
recuerde siempre esos días de vivir juntas — comida, rabia
y música, justo cuando no podemos compartir caricias y
abrazos —, reinventando una hermandad de mujeres nuevas.

Tan sólo un hilo frágil, diminuto y al viento, temblando
en este balcón al que salgo en las noches para mirar al Este,
donde estás. Liana que me ata, tan dichosa, al corazón
de bosque que tú eres. Cordel desde el que adivino las
lejanas islas donde el futuro que buscas, sólo tuyo ya, no
deja de romper contra una playa, como ola en bajamar
que va alejando el horizonte de lo que fue tu sueño.

Ser madre quizá sea ahora cuidar de nuestras
plantas. Acompañar tu lucha y no ahogarla con
las falsas promesas que yo creí a ciegas. Evitar
las espinas del rencor y el desencanto para que
nunca su sangre nos manche la conciencia.

Esperarte en nuestra casa, segura de que en el aire
nocturno está tu voz que tanto añoro, tu fuerza y tu
alegría. Y sospechar también que esa voz pronunciará
—exactas, sin mentiras, limadas sus aristas, con cariño—
las letras de mi nombre cuando yo ya no sea.

UNA POÉTICA

Hacer de la palabra un cuerpo
para que la imagines tendida junto a ti
mientras me lees.
Que puedas con tus dedos repasar
los pliegues y los poros, cada herida,
hasta tocar su centro.
Que te llegue su olor a pan reciente
y disfrutes haciéndolo migajas,
llevándolo con hambre hasta tus labios,
probando su sabor letra tras letra.

Hacer de ese cuerpo ofrecido
nuestro poema.
No buscar que me aplaudas, ni siquiera
que en tu recuerdo queden mis palabras.
Ser para ti tan sólo un alimento.

NOTA Y AGRADECIMIENTOS

Los poemas que se recogen en este volumen tienen una procedencia muy diversa tanto en su fecha (comprenden más de una década al estar escritos desde 2012 a 2024) como en su lugar de aparición, ya que no son parte de ninguno de mis anteriores poemarios, sino que aparecieron en distintas y heterogéneas publicaciones. A esas dos características se debe el título que propongo de *Anaqueles y márgenes*: si hago una recolecta de estos textos es por mi deseo de que así estén en un solo espacio-libro para acercarlos al lector interesado en esta especie de marginalia de mi obra poética, que sólo lo es en apariencia, ya que cada uno de los poemas no tiene nada de marginal al nacer con el cariño y el cuidado que su momento de inspiración merecía.

Agradezco aquí a los seleccionadores, coordinadores y editores de las revistas y obras colectivas de homenaje o antologías temáticas, que fueron su primer hogar, la oportunidad de escribirlos y publicarlos. Citaré entonces a las revistas ExLibris, Entrerríos, Los diablos azules, Altazor, Dos Orillas, Crátera, Veintiún versos, Estación de poesía, Maremágnum, Turia y Lumbre; así como a los libros de homenaje *Tiempo mío sin mí* (a José Hierro), *Para decir amor sencillamente* (a Rafael Guillén), *Concierto poético para San Juan de la Cruz*, *Fantasía y nuevos cantos para el trovador de Granada* (a José Zorrilla), *En la luz que nos une* (a Francisco Férnandez), *Homenaje a Pablo García Baena*, y a las antologías colectivas *Poemas en cuarentena, Granada no se calla, Hijas del laurel, Antología subbética arte, Versos al amor de la lumbre, Ventanas con palabras, Poesía en el jardín, Maternidades* y *La edad del agua.*

Ahora es mi gratitud para Sonámbulos Ediciones, que en este volumen da hermosa habitación a estos poemas para que, ya juntos, vuelvan a abrirse a vuestra mirada.

Trinidad Gan

ÍNDICE